BEI GRIN MACHT SICH IHR WISSEN BEZAHLT

- Wir veröffentlichen Ihre Hausarbeit,
  Bachelor- und Masterarbeit

- Ihr eigenes eBook und Buch -
  weltweit in allen wichtigen Shops

- Verdienen Sie an jedem Verkauf

Jetzt bei www.GRIN.com hochladen
und kostenlos publizieren

Eva Fründt

Das Frauenbild im NS-Staat

GRIN Verlag

Bibliografische Information der Deutschen Nationalbibliothek:

Die Deutsche Bibliothek verzeichnet diese Publikation in der Deutschen National-
bibliografie; detaillierte bibliografische Daten sind im Internet über http://dnb.d-
nb.de/ abrufbar.

Impressum:

Copyright © 2004 GRIN Verlag GmbH
Druck und Bindung: Books on Demand GmbH, Norderstedt Germany
ISBN: 978-3-638-92209-8

Dieses Buch bei GRIN:

http://www.grin.com/de/e-book/57474/das-frauenbild-im-ns-staat

GRIN - Your knowledge has value

Der GRIN Verlag publiziert seit 1998 wissenschaftliche Arbeiten von Studenten, Hochschullehrern und anderen Akademikern als eBook und gedrucktes Buch. Die Verlagswebsite www.grin.com ist die ideale Plattform zur Veröffentlichung von Hausarbeiten, Abschlussarbeiten, wissenschaftlichen Aufsätzen, Dissertationen und Fachbüchern.

Besuchen Sie uns im Internet:

http://www.grin.com/

http://www.facebook.com/grincom

http://www.twitter.com/grin_com

Universität Osnabrück

Seminar: Schule II; Diagnostik, Beratung, Förderung:
Zum Umgang mit Geschlechterdifferenz in der Schule

Eva Fründt
LA GHR Schwerpunkt Grundschule
4. Semester

SS 2004

Referatsausarbeitung
zum Thema

„Das Frauenbild im NS-Staat"

Inhaltsverzeichnis

1.Einleitung

Das Bild der Frau im Nationalsozialismus ist gegensätzlich zu dem der heutigen Zeit. Aus diesem Grunde möchte ich in dieser Arbeit versuchen, dem Frauenbild des Nationalsozialismus' etwas näher zu kommen. Da die damaligen Frauenbilder gezielt zu bestimmten Zwecken entworfen worden sind, müssen sie der Realität nicht entsprechen. Und dennoch hatten sie im Nationalsozialismus große Wirkungen auf das gesellschaftliche Leben.

In meinen Texten werde ich Frauenbilder aus der Sicht der Frau dieser Zeit und aus der Sicht des Mannes betrachten, hingegen ich mich mit dem Männerbild, welches Adolf Hitler im Nationalsozialismus geschaffen hat, nicht auseinandersetzen werde, es wird jedoch indirekt in meinen Texten durchschimmern.

Beginnen werde ich mit zwei Gedichten, welche Frauen in der NS-Zeit verfasst haben. Um dem Leser den Inhalt der Gedichte näher zu bringen, fahre ich mit einer Interpretation dieser fort. Auf diese Weise möchte ich das Plenum mit dem Thema „Frauenbild" vertraut machen.

Im Anschluss werden die Wesenseigenschaften der Frau im Frauenbild dieser Zeit näher beschrieben. Um dabei einen direkten Bezug zur NS-Zeit aufzubauen, werde ich eine Rede Hitlers an die deutschen Frauen vom 8. September 1934 und eine Geschichte aus dem „Völkischen Beobachter", einer Zeitung der NSDAP, aufführen. Mit der Geschichte werde ich zu dem Idealbild der Mutter überleiten. Fortfahren werde ich mit einer Beschreibung des Idealbildes der Ehefrau, wobei ich unter anderem auf die „Zehn Gebote der Gattenwahl" eingehen werde.

Sowohl das Mutterbild wie auch das Bild der Ehefrau stellten im Nationalsozialismus relativ positive Frauenbilder dar. Denen wurden „negative Frauen" gegenübergestellt. Dabei handelte es sich um Feministinnen, welche ihr Leben selbst bestimmen und sich von dem patriarchalischen System losreißen wollten.

Die Schlussbetrachtung meiner Arbeit möchte ich mit der Frage verbinden, warum sich Frauen im Nationalsozialismus auf die oben genannten Frauenbilder eingelassen haben.

2. Gedichte über die Frau

2.1 Frauenrecht. [1]

Das Recht, zu dienen und zu lieben,
das Recht, Barmherzigkeit zu üben,
das Recht, die Kindlein sanft zu hegen,
zu ziehen, lehren, mahnen, pflegen,
das Recht, wenn alles schläft, zu wachen,
das Recht, im Dunkel Licht zu machen,
das Recht, gekrönt mit sanfter Würde,
zu tragen andrer Last und Bürde,
das Recht, wenn trübe Zweifel walten,
den Glauben fest und treu zu halten,
das Recht, ohn' End zu verzeihn,
das Recht, ein gutes Weib zu sein
voll wahrer Güte, fromm und echt,
das ist das schönste Frauenrecht!

Dora Rappard

2.2 Frauen[2]

Wir sind die Erde.
Erhaft fest verbunden
Dem Weltensinn, der uns erschuf.
Wir können nichts als wachsen oder sinken
So tief verwurzelt sind wir unserem Sein.
Ihr aber schreitet...
Bleibt bei uns und geht vorüber.
Das Leben treibt euch hin durch tausend Welten.
Uns bleibt nur Eins:
Stille sein und warten
Und sein für Euch solch letzte Erdengabe
Wie Heimat und wie Mutter sein...
Wie Erde...

J.P.

2.3 Interpretation der Gedichte

Im Gedicht „Frauenrecht" werden der Frau nur solche Rechte zugesprochen, die eigentlich ihre Pflichten sind. Das individuelle Wesen der Frau bleibt unberücksichtigt, hingegen werden die Eigenschaften der Frau als Mutter und als Ehefrau hervorgehoben: Die Frau hat nur das Recht, Mutter und Ehefrau zu sein.

---

[1] Benz, 1997, S. 107, Das Gedicht war Lesestoff für die neue deutsche Schule.
[2] Lehker, 1984, S.27; *abgedruckt in: Nationalsozialistische Frauenkorrespondenz , München, 2. Jg., Nr.16, 22.4.1933; Es konnte nicht ermittelt werden, wer „J.P." ist. Nach dem lyrischen Ich zu beurteilen, handelt es sich bei dem Verfasser des Gedichtes um eine Frau.*

Als Mutter hat sie ihre Kinder zu versorgen (V. 3-11), als Ehefrau ihrem Mann zu dienen und zu verwöhnen (V. 12-14). Diese Eigenschaften lassen sich in Vers 1 zusammenfassen: „Das Recht. Zu dienen und zu lieben". Die Geschlechtlichkeit sowie Wünsche und Bedürfnisse einer Frau werden in diesem Gedicht außer Acht gelassen.

Das Gedicht „Frauen" handelt von Frauen im Nationalsozialismus und gibt Auskünfte darüber, wie das Frauenbild in jener Zeit tatsächlich ausgesehen haben mag. Das lyrische Ich („Wir") spricht im Namen einer Vielzahl von Frauen, die sich mit dem Wesen des lyrischen Ichs identifizieren können. Frauen waren im Nationalsozialismus als passive Wesen an einen Ort gebunden (V.1, 2) und als Erde „ewig dazu verdammt, Objekt der über sie schreitenden, marschierenden Männer zu sein" (Lehker, 1984, S.27). Damit übernahmen Männer den aktiven Part der Geschlechter (V. 6, 7). Sie schritten nicht nur über die Frauen hinweg, sie waren dazu geboren, die Welt zu erobern (V. 8). Hitler propagierte dieses Männerbild in „Mein Kampf". Frauen hingegen können nur wachsen oder sinken (V. 4), indem sie ihre (Mutter-) Pflichten erfüllten oder diesen nicht gerecht wurden, denn dies war ihre Wesensbestimmung. Die Individualität der Wesenseigenarten der Frauen ging dabei verloren. Frauen waren dazu bestimmt „Stille zu sein und zu warten" (V. 10), bis ihre Männer aus dem Krieg zurückkehrten. Waren Männer zurückgekehrt, stellten Frauen Symbole für eine Heimat und Geborgenheit da, indem sie die verwundeten Männer gesund pflegten. In seinen Reden befürwortete Hitler diese Wesenseigenschaft der Frauen, welche, wie er sagte, auf ihrer Intuition beruhte (vgl. Lehker, 1984, S.27). Aus dem Gedicht ist zu entnehmen, dass Männer und Frauen zwei verschiedenen Welten angehörten: Weder der Mann gehört in die Welt der Frau, noch die Frau in die Welt des Mannes.

3. Das Wesen der Frau

Die Nationalsozialisten knüpften in ihrer Auffassung und Bestimmung der Frau an die Vorstellungen des 19. Jahrhunderts an. So blieb die Theorie der „natürlichen Wesensunterschiede" der Geschlechter erhalten: Das Wesen des Mannes wurde durch Aktivität und den „männliche(n) Geist" (vgl. Lehker, 1984, S.27) hervorgehoben, während die Frau von passivem Wesen war und intuitiv handelte. Marianne Lehker nennt weitere Wesenseigenschaften der Frau: Sie galt als beständig, als emotional und ihr fehlte jede Abstraktionsgabe (vgl. S.29).

In diesem Zusammenhang zieht Karl Beyer einen weiteren Gesichtspunkt heran, nämlich jenen, dass der Mann nach der Zeugung eines Kindes wieder frei und ungebunden ist, hingegen die Frau „lange über die Geburt hinaus voll in Anspruch genommen [wird], was ihre stetige Schutzbedürftigkeit bedinge" (Lehker, 1984, S.26). Aufgrund seines Bewegungsdranges ist der Mann jedoch nicht dazu in der Lage, die Verantwortung gegenüber seiner Frau vollständig zu übernehmen und kann sich so dieser entziehen. Da Frauen durch Kinder „gebunden" waren, interpretiert Karl Beyer diese Eigenschaft mit dem Begriff der „Pfanzenhaftigkeit". Durch das „Pflanzenhafte" ist die Frau an einen Ort gebunden (vgl. Gedicht „Frauen", V. 2).

Dem gegenüber stellt Beyer den Mann als das „Tier" dar, welches ungebunden und aktiv ist (vgl. Lehker, 1984, S.26). Hier lassen sich zu Hitlers Pädagogik in „Mein Kampf" Parallelen finden:

Hitler verlangte eine starke Jugend, gleich eines Raubtieres, die Schmerzen ertragen konnte und unerschrocken war. Auch er verwendete den Begriff (Raub-) Tier, um die Stärke und Aktivität seines Volkes zu definieren, wobei er sich in diesem Fall auf die Männer des Landes bezogen haben mag..

Trotz der Andersartigkeit von Mann und Frau bezeichnet Karl Beyer die Frau nicht als minderwertiges Wesen: Sowohl Mann als auch Frau können in ihrer jeweiligen Welt zur Vollendung kommen. Diese Annahme lässt sich mit der folgenden Rede von Hitler an die deutschen Frauen unterstreichen:

Hitler sprach am 8. September 1934 zu den Frauen seines Volkes. Mit dieser Rede propagiert Adolf Hitler die Rolle der Frau:

"Wenn man sagt, die Welt des Mannes ist der Staat, die Welt des Mannes ist das Ringen, die Einsatzbereitschaft für die Gemeinschaft, so könnte man vielleicht sagen, dass die Welt der Frau eine kleinere sei. Denn ihre Welt ist ihr Mann, ihre Familie, ihre Kinder und ihr Haus.
Wo aber wäre die größere Welt, wenn niemand die kleine Welt betreuen wollte? Wie könnte die größere Welt bestehen, wenn niemand wäre, der die Sorgen um die kleinere Welt zu seinem Lebensinhalt machen würde?
Nein:
Die große Welt baut sich auf der kleinen auf!
Diese große Welt kann nicht bestehen, wenn die kleine Welt nicht fest ist.
Die Vorsehung hat der Frau die Sorgen um diese ihr eigenste Welt zugewiesen, aus der sich dann erst die Welt des Mannes bilden und aufbauen kann.
Diese beiden Welten stehen sich nie entgegen. Sie ergänzen sich gegenseitig, sie gehören zusammen, wie Mann und Weib zusammengehören.
Wir empfinden es nicht richtig, wenn das Weib in die Welt des Mannes, in sein Hauptgebiet eindringt, sondern wir empfinden es als natürlich, wenn diese beiden Welten geschieden bleiben. In die eine gehört die Kraft des Gemütes,

5

die Kraft der Seele! Zu der anderen gehört die Kraft des Sehens, die Kraft der Härte, die Entschlüsse und die Einsatzwilligkeit! [...]
Was der Mann an Opfern bringt im Ringen seines Volkes, bringt die Frau an Opfern im Ringen um die Erhaltung dieses Volkes in den einzelnen Zellen.
Was der Mann einsetzt an Heldenmut auf dem Schlachtfeld, setzt die Frau ein in ewig geduldeter Hingabe, in ewig geduldigem Leiden und Ertragen.
Jedes Kind, das sie zur Welt bringt, ist eine Schlacht, die sie besteht für Sein oder Nichtsein des Volkes. [...]
Die Frau ist, weil sie von der ursächlichsten Wurzel ausgeht, auch das stabilste Element in der Erhaltung eines Volkes [...]" (Benz, 1997, S. 41-43).

In dieser Rede spricht Hitler den deutschen Frauen symbolisch eine kleine Welt zu. Das Wort „Welt" mag er bewusst gewählt haben, denn es hat eine große Wirkung auf die Zuhörer. Hitler erklärt die kleine Welt der Frau zur Basis für die große Welt des Mannes und überträgt der Frau so sehr viel Verantwortung. Da beide Welten sich ergänzen, wird ein harmonisches Zusammenspiel beider Geschlechter propagiert. Da jedoch die Frau nicht in die Welt des Mannes eindringen soll, wird das patriarchalische Weltbild gefestigt: Die Frau kann die Stellung des Mannes in der Gesellschaft nicht streitig machen.

Die Gebärpflicht der Frau wird in den letzten Sätzen betont, und damit auch ihre Wichtigkeit in der Erhaltung des Volkes.

In dieser Rede Hitlers wird das arische Erscheinungsbild der Frau außer Acht gelassen, auch wenn Hilter von „deutschen" Frauen spricht. Das Arische spielte jedoch gerade im Bezug auf die Erhaltung des Volkes eine entscheidende Rolle, denn nur wenn die Frau im Wesen und Aussehen der Norm entsprach, konnte sie gesunde und starke Kinder zur Welt bringen. Das Schönheitsideal im Nationalsozialismus entsprach nicht mehr den „schmalhüftige[n] und engbrüstige[n] Püppchen" (vgl. Kade, 1997, S. 200).

Bevorzugt wurden nun blonde, blauäugige, breithüftige und gesunde Frauen (vgl. Lehker, 1984, S.34). Bäuerinnen galten als Idealbilder, da sie ihre Nahrungsmittel und Kleidung zum größten Teil selbst herstellten und zudem ein kraftvolles Frauenbild darstellten.

Auf Schminke und anderen „Modefirlefanz" sollte verzichtet werden (vgl. Lehker, 1984, S. 36), und eine morgendliche Wäsche mit kaltem Wasser hatte zu genügen. Damit sollte sie „den Lebenswillen des deutschen Volkes verkörper[n]" (Kade, 1997, S. 200).

Um nun vom Erscheinungsbild der Frau zum Idealbild der Frau als Mutter überzuleiten, werde ich nun eine Geschichte vorstellen, die aus dem „Völkischen Beobachter" stammt und unter der Rubrik „Küche von heute" abgedruckt war:

„Es ist die [Geschichte] von Kathrin, einem, geringen, unansehlichen Bauernweib', das, schön [war] ohne Schönheit, reich ohne Reichtum und groß bei dieser kleinen Erscheinung'. Des Rätsels Lösung wird auch gegeben: Für dieses ‚Bauernweiblein' gab es nämlich, jeden Tag...vom frühen Morgen bis in den späten Abend hinein Hände voll Arbeit und kein Fertigwerden'. [...] Sie steckt Pflanzen, legt Kartoffeln, hackt, rupft Flachs .., eine rechte Arbeit hört nie auf!'
Ihre beste Zeit hat sie am Sonntagnachmittag und am Mittwochvormittag. Am Sonntagnachmittag nämlich, gingen die Mannsbilder fort und ließen die Mutter allein, .. mutterseelenallein', allerdings nicht ohne Arbeit, denn man läßt ihr alles, was sie unter der Woche zerrissen hatten [und was] die Mutter wieder ganz und gut machen [sollte]'. Aber, sie wurde sowieso nie fertig'. Einmal in der Woche jedoch ist Markt - am Mittwochvormittag-, und da kann die Kathrin auch einmal unter die Leute'. [...]
Bummeln konnte sie [dort] auch nicht, denn ihr Mann wartet um elf Uhr schon ungeduldig auf sie .. Nachdem auf dem Markt, ihr zartes, feines, tiefes Gedächtnis reicher' geworden ist, hetzt sie .. nach Hause, um festzustellen, daß hier alles drunter und drüber gegangen ist. Ihrem Mann ist nämlich inzwischen, der Wolf durchgegangen', und er hat das Tischtuch aufgelegt und versucht, das Kraut aus dem Ofen zu holen, wobei er sich natürlich so – pardon! - dämlich angestellt hat, daß die Hälfte des Essens in der Ofenröhre hängen geblieben ist und er sich zu allem Überfluß auch noch die Hand verbrannt hat. Während die Kathrin den Schaden repariert und auch noch all die vielen Sachen, die in den wenigen Stunden liegengeblieben waren' ordnet, denn, die Männer haben keine Augen für diese kleinen Arbeiten'. .. Und ‚bei alledem [gewöhnen sich] Vater und Söhne an eine Mutter, die nicht müd und Krank werden darf'. [...]"
(Burghardt, 1979, S.73f)

Bald nun wird Kathrin jedoch krank, und sie klagte nicht, weil sie leben möchte und es nicht einsehen mag, dass ihre Kräfte schwinden. Ihr Trost war es, Mutter gewesen zu sein: „Die Hingabe und Treue bis zum letzten Herzenstropfen ihr Reichtum und ihr Glück [war], das erst mit ihrem Sterben groß und weit wurde: ein göttlicher Name- *Mutter*" (Burghardt, 1979, S.74).

Kathrin entsprach einem Idealbild der Frau im Nationalsozialismus, denn sie arbeitete und versorgte ihre Familie ohne sich zu beklagen. Auf diese Weise kam sie zur Vollendung in ihrer kleinen Welt, die ihren Mann überforderte; Kathrins Erscheinungsbild spielt dabei keine Rolle.

Die Verehrung als Mutter am Ende der Geschichte betont noch einmal ihre Wichtigkeit für die Familie und den deutschen Staat, denn die Zukunft des Volkes ruht in dem Schoße der Mutter (vgl. Kade, 1997, S.200).

4. Das Idealbild der Mutter

Das Idealbild der Mutter im Nationalsozialismus ist sehr komplex.

Die Gesundheit und körperliche Stärke der Frau gibt nur einen kleinen Teil der mütterlichen Eigenschaften wieder, denn eine Mutter sollte zudem treu, tüchtig und pflichtbewusst, vaterlandsliebend und opferbereit sein (vgl. Lehker, 1984, S.35). Auch Tapferkeit und Leidensbereitschaft wurden ihr abverlangt, auch wenn dies nicht ihrem Wesen entsprach.

Eine Mutter sollte im Nationalsozialismus ihre Lebenserfüllung allein in der Mutterschaft finden, da das Muttersein dem Wesen der Frau entsprach. Dieses Idealbild hatte politische Hintergründe, denn war der erbgesunden Frau die „Pflicht zur Mutterschaft" durch Propaganda eingeimpft worden, so konnte sie dem Führer Kinder schenken (Lehker, 1984, S.34).

Hat sich eine erbgesunde Frau geweigert, Kinder zu gebären, beging sie Fahnenflucht.

Das Mutterwerden selbst wurde eher als mythisches, körperloses Erleben geschildert. So ist in den beiden nationalsozialistischen Aufklärungsbüchern „Ein Wort an junge Kameraden" und „Ein Wort an junge Kameradinnen" viel von Keuschheit, Reinheit, Rasse, Ehe und Mutterpflicht die Rede. Alles andere wird sehr undurchsichtig dargestellt. Nur in der Fassung für Mädchen wird auch von der weiblichen Anatomie und deren Funktionen, allerdings wie von einer Maschine, gesprochen (Lekher, 1984, S.35).

Frauen, die sehr gebärfreudig waren, erhielten in militärischer Manier das „Ehrenkreuz"(vgl. Lehker, 1984, S.37), wenn sie „deutschblütig" und „erbtüchtig" waren, die Kinder lebend zur Welt kamen und die Mutter „der Auszeichnung würdig [war]" (Kuhn/ Rothe, 1983, S.134).

Das Ehrenkreuz trug die Inschrift „Das Kind adelt die Mutter", und die Verleihung dessen erfolgte in drei Stufen: die dritte Stufe wurde an Mütter mit vier bis fünf Kindern verliehen, die zweite an Mütter mit sechs bis sieben Kindern und die erste an Mütter mit acht und mehr Kindern (Kuhn/ Rothe, 1983, S.134).

Mütter, die ein solches Ehrenkreuz besaßen, genossen einige Bevorzugungen: So erhielten sie bei Veranstaltungen der Partei und des Staates Ehrenplätze, konnten an Behördenschaltern auf ein Vortrittsrecht bestehen und erhielten eine gesicherte Altersversorgung, da sie in Altersheimen für alleinstehende Mütter gern aufgenommen wurden (Kuhn/ Rothe, 1983, S.134f).

In der NS-Zeit herrschten unterschiedliche Meinungen darüber, ob Mütter verheiratet sein sollten oder nicht, da Männer im Krieg vermehrt abwesend waren (vgl. Lehker, 1984, S.35). Manche argumentierten für, andere gegen uneheliche Kinder, indem sie diese als „schwachsinnig" bezeichneten (vgl. Lehker, 1984, S.35). Trotzdem wurde die unverheiratete Mutter im Nationalsozialismus nicht von der Gesellschaft ausgeschlossen.

5. Das Idealbild der Ehefrau

In Hitlers „Mein Kampf" heißt es, dass „die Bewohner des .. Staates in drei Klassen eingeteilt [werden]: Staatsbürger, Staatsangehörige und Ausländer" (Lehker, 1984, S.27). Erschreckend an dieser Aussage ist, dass Frauen erst dann eine Berechtigung auf eine Staatsbürgerschaft erhielten, wenn sie heirateten und Kinder gebaren. Hitler formulierte das folgendermaßen: „Das deutsche Mädchen ist Staatsangehörige und wird mit Verheiratung erst Bürgerin". Frauen wurden also nicht mit Rechten geboren, sondern erhielten diese durch Männer. Deutsche Mädchen wurden aus diesem Grunde bereits sehr früh auf die Ehe vorbereitet: Sie gingen in ihrer Jugend zum „Jungmädelbund" und später zum „BDM", bevor sie in die Ehe gingen. Für junge Frauen gab es „Zehn Gebote für die Gattenwahl" (Benz, 1997, S.54), welche sie daran erinnerten, woran sie bei der Wahl ihres Ehemannes denken sollten. Interessant ist, dass die Nationalsozialisten den Begriff „Gebote" für diese Hinweise wählten, auch wenn sie der Kirche ansonsten wenig Beachtung schenkten. Es ist anzunehmen, dass die „Zehn Gebote" an jene biblischen erinnern sollten, die gläubige Menschen nicht brechen durften. Vermutlich war es ein Ziel der Nationalsozialisten, dass das Volk an ihre Politik wie an die Kirche glaubte, und sie aus diesem Grunde Parallelen zur Kirche zogen.

Die „Zehn Gebote für die Gattenwahl" erschienen in der „N.S. Frauen-Warte" im November 1934 und wurden als Broschüre unter das Volk gebracht.

Ich werde nun einige der Gebote zitieren (vgl. Benz, 1997, S.54f) und im Anschluss daran kurz kommentieren.

1. Gedenke, dass Du ein Deutscher bist
Alles, was Du bist, bist Du nicht aus eigenem Verdienst, sondern durch Dein Volk. Ob Du willst oder nicht, Du gehörst zu ihm; denn Du bist aus ihm hervorgegangen. Darum denke bei allem, was Du tust, ob es Deinem Volke förderlich ist. Gemeinnutz geht vor Eigennutz.

Dieses Gebot entindividualisiert den einzelnen Menschen. So spielten Individuen in der Gesellschaft keine Rolle mehr und sollten ihren Anspruch auf individuelle Bedürfnisse aufgeben. Aus den einzelnen Menschen wurden damit einzelne Objekte.

Die Entindividualisierung zieht sich wie ein roter Faden durch die weiteren Gebote.

5. *Wähle als Deutscher nur einen Gatten gleichen oder Nordischen Blutes*
Wo Anlage zu Anlage passt, herrscht Gleichklang. Wo ungleiche Rassen sich mischen, gibt es einen Missklang. Mischung nicht zueinander passender Rassen (Bastardierung) führt im Leben der Menschen und Völker häufig zu Entartung und Untergang; um so schneller, je weniger die Rasseneigenschaften zueinander passen. Hüte Dich vorm Niedergang, halte Dich vom Fremdstämmigen außereuropäischer Rassenherkunft fern! Glück ist nur bei Gleichartigen möglich! [...]

Mit diesem Gebot propagierten die Nationalsozialisten die Zucht und Auslese der arischen Rasse und schafften damit ein Wunschbild von dem deutschen Volk. Auf diese Weise sollte die „Ausartung" des deutschen Volkes vermieden werden.

10. *Du sollst Dir möglichst viele Kinder wünschen*
Erst bei drei bis vier Kindern bleibt der Bestand des Volkes sichergestellt. Nur bei großer Kinderzahl werden die in der Sippe vorhandenen Anlagen in möglichst großer Zahl und Mannigfaltigkeit in Erscheinung treten. Kein Kind gleicht genau den anderen. Ein jedes Kind hat verschiedene Anlagen seiner Vorfahren ererbt. Viele wertvolle Kinder erhöhen den Wert des Volkes und sind die sicherste Gewähr für seinen Fortbestand. Du vergehst; was Du Deinen Nachkommen gibst, bleibt; in ihnen feierst Du Auferstehung. Dein Volk lebt ewig!

Dieses Gebot sollte in den jungen Frauen den Kinderwunsch wecken. Damit wurden Frauen indirekt zu Gebärmaschinen degradiert. Es sollte ihre Aufgabe sein, die deutsche Rasse zu erhalten, in Wahrheit brauchte der Staat „Kanonenfutter" für die Front.

War die Frau die Ehe eingegangen, definierte sie sich durch die Zugehörigkeit zu ihrem Mann. Dazu war sie allein schon aus materiellen Gründen gezwungen, denn nur wenige Frauen hatten die Chance einen Beruf zu erlernen und finanziell „auf eigenen Beinen zu stehen". Aus diesem Grunde musste sie sich auf dem Heiratsmarkt anbieten. Je nach Wunsch des Mannes sollte sie möglichst schön sein und ein gütiges, liebevolles und nachsichtiges Wesen haben; sie sollte eine gute Erziehung genossen haben und über einige Erfahrungen in der Hauswirtschaft verfügen und sie sollte lernen können, ihre Individualität aufgeben (Burghardt, 1979, S.76).
Wie die Mutter ihre Daseinsberechtigung daraus erhielt, dass sie sich der Familie bis zum Tode aufopferte, wurde die Frau erst zu einer wahren Ehefrau, wenn sie sich ihrem Mann

unterordnete und ihm gehorchte (Burghardt, 1979, S.79). Die Männerwelt brauchte ihre Interessen und Bedürfnisse im Alltag nicht zu berücksichtigen. Dennoch verlangte der Nationalsozialismus, dass der Mann seine Frau nicht als Spielzeug oder Arbeitstier missbrauchte, da diejenige für den Erhalt des Volkes zuständig war, indem sie dem Staat Kinder schenkte.

Zudem sollte der deutsche Mann die Ehre und das Recht seiner Frau erhalten und durchsetzen: „Ihre Ehre muss seine Ehre sein" (Kade, 1997, S.200).

Unverheiratete, kinderlose Frauen hatten im NS- Staat nicht nur keine Staatsbürgerschaft, sondern wurden von der Gesellschaft diskriminiert, indem sie als „Alte Jungfern" bezeichnet wurden. Damit wurden negative Eigenschaften, wie Hässlichkeit, Unattraktivität und Egoismus assoziiert (Burghardt, 1979, S.77).

6. Das negative Bild der Frau

Mütter ließen sich noch in das positive Frauenbild der Nationalsozialisten einordnen. Diesen gegenüber standen „negative Frauen" (vgl. Lehker, 1984, S.38f), welche einem „Konglomerat aus Frauenrechtlerin[nen]/ Kommunistin[nen]/ Jüdin[nen]/ Hure[n]" angehörten.

Da ein Staat mit patriarchalischem System von Männern regiert wurde, wurden Frauen als unterlegene Objekte ohne Sexualität angesehen. Wollten sie sich für etwas engagieren, mussten sie sich auf die ihnen übergeordneten Männern berufen. „Negative Frauen" wehrten sich gegen diese Auffassung: Sie bevorzugten ein selbstbestimmtes Leben und sprachen sich gegen die Männerwelt aus.

Je nach Einschätzung fühlten sich Männer von der Frauenbewegung bedroht. Sie löste Versagerangst und Hilflosigkeit bei ihnen aus, was oftmals erhöhte Aggressivität gegenüber Frauen zur Folge hatte. So „brach eine Haßtirade los, vor allem über die Initiativen des radikalen Flügels der bürgerlichen Frauenbewegung, insbesondere über die sexualpolitischen Ziele und Unternehmungen [der Frauen]" (Lehker, 1984, S.39).

Männer fühlten sich in ihrem Wertesystem angegriffen und verbreiteten den Glauben, dass Feministinnen damit die Unterjochung des männlichen Geschlechts beziehungsweise die Machtübernahme des Staates anstrebten; ihr Ziel sei es gewesen, „Deutschland in Chaos [zu] stürzen und die [deutsche] Kultur [zu] vernichten" (Lehker, 1984, S. 39). Es wurde ihnen nachgesagt, sie würden die starken Männer kastrieren wollen, „während sie es selbst mit ‚Niggern, Juden, Chinesen' trieben" (Ebd.).

Trotz Heinrich Himmlers Neuformulierung des Hexenbildes[3] blieb der Begriff Hexe im Nationalsozialismus negativ besetzt: Frauen, insbesondre Feministinnen, die sich sexuell auf Juden und „Nigger" einließen, wurde der Name „Hexe" angedichtet, da sie es mit „modernen Teufeln" trieben (Lehker, 1984, S.45). Das patriarchalische Wertesystem der Männer kam dadurch ins Schwanken. Männer, die „mit den zerstörerischen Kräften [solcher Frauen] in Berührung kam[en] konnte[n] .. entmannt werden" (Ebd.). Die Macht der weiblichen Sexualität der Feministinnen rüttelte, im Gegensatz zu den im Nationalsozialismus als ungeschlechtlich bezeichneten Müttern, am Herrschertum der Männer und musste bekämpft werden. In diesem Blickwinkel betrachtet beging das NS-Regime eine moderne Hexenverfolgung, indem es selbstbewusste Frauen, welche sich gegen das vorherrschende System auflehnten, vernichten wollte.

7. Warum ließen sich Frauen auf jene Frauenbilder ein?

Die Politik des Nationalsozialismus knüpfte an das patriarchalische System an und presste die Frau in eine Position, in der sie als von Natur aus dem Mann untergeordnet und minderwertig galt. Ob alle Frauen sich durch diese Politik diskriminiert fühlten, ist fraglich, da viele in eine patriarchalische Lebenswelt hineingeboren waren. Damit waren viele Frauen mit der Unterdrückung durch das männliche Geschlecht vertraut und akzeptierten es, ohne es zu hinterfragen.

Zudem verstand es das NS-Regime, den Antifeminismus zu propagieren, indem es in den Frauen die Meinung weckte, sie seien ihrem Wesen entsprechend im Staat eingesetzt, wobei das Kindergebären neben der anfallenden Hausarbeit zu ihren Hauptaufgaben zählte. Das Frauenbild war somit in ein Mutterbild umformuliert worden. Mit dieser Einstellung fanden viele Frauen einen festen Platz in der Gesellschaft. Es ist nicht unberücksichtigt zu lassen, dass sie sich in diesem System sicher fühlten, weil sie ein selbstbestimmtes Leben entweder nicht kannten oder gar verneinten.

Anzunehmen ist, dass viele Frauen mit den staatlichen Unruhen, die durch den ersten Weltkrieg, die Weimarer Republik und die Einführung des Frauenwahlrechts, welches erst ein paar Jahrzehnte zurücklag, überfordert fühlten. Dies entsprach nicht ihrer Werteordnung, und sie wollten deshalb in das patriarchalische System zurückkehren, da es ihnen jene Ordnung zu

---

[3] Heinrich Himmler, einer der wichtigsten Männer des SS- Regimes interessierte sich insbesondere für die Hexenverfolgungen aus dem Mittelalter. Auf seine Veranlassung hin wurde innerhalb der SS einen „Hexen-Sonderauftrag" eingerichtet, an dem mehrere SS-Forscher beteiligt waren. Diese und Himmler glaubten, dass Hexen Trägerinnen edlen germanischen Blutes und deshalb von der katholischen Kirche verfolgt worden seien (vgl. http://www.einsamer-schuetze.com/paranormal/hexenkulte/ss/hexen.html). Mit dieser Annahme wollten sie die Kirche erledigen (http://www.dhm.de/presseinfos/2002061101.html). Das Bild der Hexe wurde so politisch nutzbar gemacht.

geben vermochte, in die sie hineingeboren waren: Der Mensch fühlt sich nur in den ihm bekannten Situationen geborgen; das Fremde meidet er. Dass Frauen hierbei ihre Individualität verloren und nur noch als „Masse Frau" zählten, mag ihnen zumindest zu Beginn des NS-Regimes nicht bewusst gewesen sein.

Erinnern sich Frauen jener Tage heutzutage an das Frauenbild des Nationalsozialismus` geben sie häufig ein positives Bild jener Zeit wieder.

Wenn man die im patriarchalischen System geschaffenen Frauenbilder aus der heutigen Sicht betrachtet, kommt man zu einer ganz anderen Meinung. Man verbindet diese leicht mit einem Antifeminismus, der heutzutage nicht mehr vertretbar wäre.

Kritisch nehmen wir an, dass Frauen während des Nationalsozialismus' billige Arbeitskräfte waren. Sie erledigten die Hausarbeit ohne Bezahlung und nahmen die alltägliche Versorgung der Familie als eine Normalität hin. Aus dem heutigen Blickwinkel hingegen klingt es diskriminierend, eine Frau allein durch die Begriffe Mutter oder Hausfrau zu definieren. Ebenso fallen kinderreiche Familien in der heutigen Zeit sozial eher negativ auf, während sie in der Zeit des Nationalsozialismus dem Idealbild entsprachen.

Anhand der heute stark gewandelten Sichtweise dieses Thema zeigt sich, dass die Ansichten des 21. Jahrhunderts nicht mehr mit den damaligen vergleichbar sind. Auch die Frauenbilder wurden neu gezeichnet.

Die Frau hat sich bis zum heutigen Tage eine beachtliche Stellung in der Gesellschaft erkämpft. Vielleicht wird dieses Jahrhundert ein Jahrhundert der Frauen?

Es ist im Hinterkopf zu behalten, dass wir aus der heutigen Sicht kein Urteil über die Frauen und das Frauenbild im Nationalsozialismus bilden dürfen, da jene Frauen in einem anderen Zeitgeschehen lebten und einem anderen Wertesystem folgten, welches nicht mit dem heutigen zu vergleichen ist.

8. Literaturverzeichnis

Benz, Ute (Hrsg.): Frauen im Nationalsozialismus. Dokumente und Zeugnisse. Nördlingen: C.H. Beck, 1997

Burghardt, Christine: Die deutsche Frau. Küchenmagd. Zuchtsau. Leibeigene im III Reich-Geschichte oder Gegenwart? Münster: vfp Verlag Frauenpolitik, 1979

Kade: Das Frauenbild im Nationalsozialismus. In: Baumgart, F. (Hrsg.): Erziehungs- und Bildungstheorien. Texte. Erläuterungen. Arbeitsaufgaben. Bad Heilbrunn, 1997

Kuhn; Rothe: Frauen im deutschen Faschismus. Band 2: Frauenarbeit und Frauenwiderstand im NS- Staat. Düsseldorf: Schann. 1983

Lehker, Marianne: Frauen im Nationalsozialismus. Wie aus Opfern Handlanger der Täter wurden. Frankfurt (Main): Materialis -Verlag, 1984